a infância de
tatiana belinky

© 2010 do texto por Nereide S. Santa Rosa
Callis Editora
Todos os direitos reservados

Coordenação editorial: Miriam Gabbai
Projeto gráfico: Camila Mesquita
Revisão: Maristela Nóbrega
Diagramação: Thiago Nieri

CIP-BRASIL. CATALOGAÇÃO-NA-FONTE
SINDICATO NACIONAL DOS EDITORES DE LIVROS, RJ.

S222T

Santa Rosa, Nereide Schilaro, 1953-
    Tatiana Belinky / Nereide S. Santa Rosa – São Paulo : Callis, 2010.
    (A infância de...)

ISBN 978-85-7416-535-6

1. Belinky, Tatiana, 1919- — Infância e juventude — Literatura infantojuvenil.
2. Escritoras brasileiras — Biografia — Literatura infantojuvenil.
3. Literatura infantojuvenil brasileira. I. Título. II. Série.

10-1672.   CDD 928.699
                                                          CDU 929:821.134.3(81)

16.04.10   29.04.10   008169

ISBN 978-85-7416-535-6

Impresso no Brasil
EGB - Editora Gráfica Bernardi - Ltda.

2010
Callis Editora Ltda.
Rua Oscar Freire, 379, 6º andar • 01426-001 • São Paulo • SP
Tel.: (11) 3068-5600 • Fax: (11) 3088-3133
www.callis.com.br • vendas@callis.com.br

a infância de
tatiana belinky

★

Nereide S. Santa Rosa

callis

Era uma vez uma menina

que queria ser bruxa.

🌸 Ela nasceu em um país distante do Brasil. Sua história começa em São Petersburgo, na Rússia, poucos dias antes do início da primavera.

Tatiana nasceu em 18 de março de 1919 em cima da mesa da sala de jantar da casa de seus pais. E logo enfrentou sua primeira dificuldade: sobreviver.

Eram tempos difíceis no país pós-guerra, havia racionamento de alimentos, a umidade e o frio causavam crises respiratórias na bebê Tatiana.

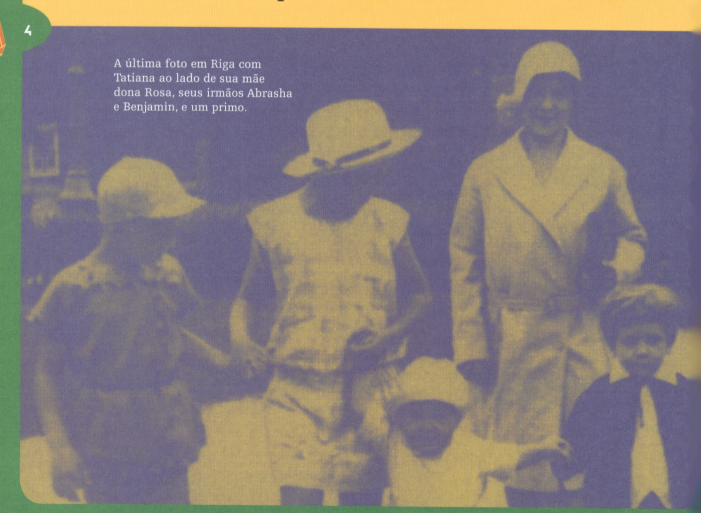

A última foto em Riga com Tatiana ao lado de sua mãe dona Rosa, seus irmãos Abrasha e Benjamin, e um primo.

Tatiana aos dois anos de idade com o pai seu Aron e sua mãe dona Rosa.

Sua mãe Rosa e seu pai Aron ficaram preocupados com sua saúde e receberam a visita de um médico. Ele lhes disse que Tatiana precisava de um clima melhor para viver. A opção era o país onde tinham nascido.

Com um ano de idade, Tatiana foi morar em Riga, a cidade de sua família, na Letônia, um país com castelos antigos e histórias de cavaleiros valentes, bruxas e duendes.

A vida melhorou e seus pais receberam o importante apoio dos parentes.

Tatiana morava na Rua dos Navios, em um apartamento confortável num edifício de quatro andares, que tinha até elevador, bem próximo do grande rio que corta a cidade.

Tatiana aos 4 anos de idade.

Passado

algum tempo, quando Tatiana tinha dois anos e meio, nasceu seu irmão Abrasha e as duas crianças dormiam no mesmo quarto, e era bem divertido. Todas as noites, o seu Aron tinha o costume de contar histórias para eles antes de dormir.

Foi ali, em Riga, que Tatiana descobriu a literatura e, desde cedo, aprendeu sobre o poder das palavras. O ato de ouvir as histórias escritas nos livros deixava sua imaginação fluir e embalava seus sonhos.

No entanto, às vezes era difícil pegar no sono. Tatiana imaginava um mundo dos medos e dos sustos onde, a qualquer momento, sairia dali a Baba-Yagá, a velha bruxa da floresta, um personagem do folclore europeu.

Pensava que ela poderia aparecer ali mesmo, voando dentro de um pilão e segurando sua vassoura. Uma figura terrível, que a fazia cobrir a cabeça com o lençol até adormecer.

A menina conhecia muito bem a lenda dessa velha senhora que vivia na floresta em plena escuridão e costumava fazer perguntas embaraçosas para quem a encontrasse.

baba-Yagá

era um personagem fantástico que, ao mesmo tempo, encantava e assustava a pequena Tatiana. Talvez pelas suas características não muito definidas. Seria uma bruxa boa ou má? A indefinição aguçava ainda mais a sua curiosidade. Pensava sobre as reações das pessoas, sobre os momentos da vida, seus medos e suas conquistas. Aliás, nada é melhor do que superar e conquistar as dificuldades. Dominar uma bruxa era um desses desafios para a garota.

Assim, a pequena Tatiana ia descobrindo o mundo da literatura e das palavras que transformam as pessoas.

Dentro de casa, o agradável calor gerado pelas caldeiras deixava uma sensação aconchegante e agradável. Aos sete anos, a alegria reinava no pequeno mundo de Tatiana. Um mundo repleto de imaginação, descobertas, alguns sustos e muitos medos. Tudo devidamente registrado em seu diário supersecreto, escrito com qualquer uma de suas mãos, pois Tatiana é ambidestra!

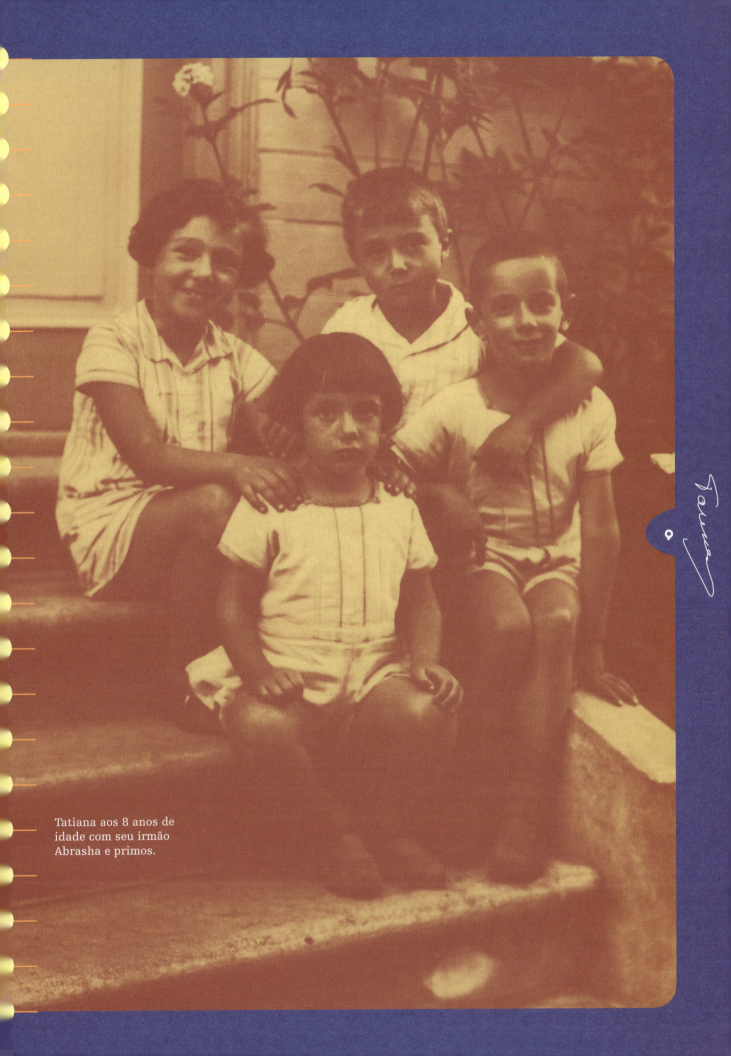

Tatiana aos 8 anos de idade com seu irmão Abrasha e primos.

Dona Rosa e sua primeira cliente em São Paulo.

Um Lugar importante eram as portas da casa, que eram duplas por causa do frio e os vãos entre os batentes se transformavam em espaços para brincadeiras.

Ora serviam de palco para peças de teatro, interpretadas com pompa e muito capricho, além de cantos e poesias. Tudo era motivo para que ela e o irmão se transformassem em personagens, tais como os atores das peças teatrais que seus pais costumavam levá-los para assistir na cidade.

Ora serviam de espaço mágico, como por exemplo, o vão da porta de entrada onde Tatiana se enfiava no escuro, segurando um pente feito de osso. E a mágica acontecia: ela esfregava o pente nos cabelos com tanta força que soltava faíscas luminosas na escuridão. Um show de mágica digna de uma "bruxinha" de verdade!!!

Outro local interessante eram as janelas de seu apartamento. Da sua sala, Tatiana via o grande rio Daugava que desaguava no Golfo de Riga.

O mundo acontecia lá fora e a curiosidade da garota era imensa.

A começar pelas três pontes que cruzavam o rio.

A mais bonita e barulhenta era a ponte de ferro por onde passava o trem que ligava as duas partes da cidade.

A mais interessante era a ponte móvel que levantava para passar os navios. Para Tatiana era impressionante apreciar os barcos com seus grandes mastros e chaminés soltando fumaça e pedindo passagem.

A mais frágil era a ponte de madeira, construída por soldados durante a Primeira Guerra Mundial, que durou até ser destruída pelo degelo do rio no final da década de 1920, século XX.

Além das pontes, as pessoas usavam os paquetes, que eram barcos a vapor para atravessar o rio e chegar à outra margem. Muitas vezes, ela e sua família fizeram essa pequena viagem.

Tatiana adorava ver o trem, os barcos, as carroças, os trenós, as carruagens e as pessoas indo pra lá e pra cá sobre o caudaloso Daugava. Pareciam figuras animadas que traziam vida à cidade.

Seu Aron entre Tatiana e Abrasha, no inverno em Riga.

Morar no Hemisfério Norte, no Leste da Europa, às margens do Mar Báltico é uma experiência fascinante: a natureza é definitivamente definida pelas estações do ano, bem diferente do que ocorre em países tropicais como o Brasil.

Essas transformações eram momentos marcantes no cotidiano de Tatiana.

E as grandes janelas de seu apartamento permitiam que ela observasse a paisagem colorida da cidade que se transformava a cada estação.

A mais interessante para se assistir de dentro de casa era o inverno. Tatiana via os primeiros flocos de neve que anunciavam a sua chegada. E todos já sabiam que a neve e o frio chegariam sem dó, deixando a paisagem totalmente branca.

Tatiana ao lado de Fraulein e seu irmão Abrasha.

Lá fora, o rio ficava bem diferente: parecia um rinque de patinação e as pessoas o atravessavam caminhando ou deslizando em trenós.

Dentro de casa, Tatiana observava lindos desenhos feitos de cristais de gelo, semelhantes a ramos de plantas, que se formavam nos vidros das janelas.

Sair para passear nessa época só mesmo usando agasalhos pesados, protegidos com luvas, cachecol, botas e tudo que pudesse esquentar o corpo para não ficar doente.

Naquele tempo, Tatiana e seu irmão tinham uma governanta alemã, a Fraulein, que os acompanhava nos passeios. Muitas vezes, eles brincavam com um pequeno trenó escorregando na neve no parque da cidade.

Como num passe de mágica, a natureza renascia e as árvores nuas se vestiam novamente com folhas verdinhas e brilhantes. No céu, surgiam as primeiras andorinhas depois de uma longa viagem distante do frio.

Era tempo de primavera.

Era tempo do aniversário de Tatiana, comemorado com muita festa pelos pais, avós, tios, primos e amigos, tal qual uma linda princesa de contos de fadas. Era costume que a aniversariante se sentasse em uma espécie de trono enfeitado e usasse uma coroa de flores feitas de papel. Simplesmente inesquecível!

Na primavera,

as crianças se sentiam livres depois do longo período do inverno. O perfume das flores, os sons dos pássaros, o rio novamente caudaloso e a vida se renovava. Tatiana crescia.

Inteligente, aos quatro anos, aprendeu a ler sem frequentar escola. Apenas brincando com bloquinhos de letras. E as palavras surgiam com significados em três línguas: alemão, russo e letão.

Aprendeu russo com os pais. A língua alemã com a Fraulein, a governanta, e o letão era a língua oficial do país.

Foi um processo natural e Tatiana aprendeu a falar, escrever e ler em vários idiomas, o que iria lhe ajudar no futuro, quando viajou para um país tão diferente do seu lar.

Além da leitura, Tatiana brincava com seus bichos de pelúcia, Lisítchka e Bobka. Logo depois, ela ganhou a sua única boneca, chamada Lídia, que a acompanhou por toda a infância, inclusive com diferentes cabeças, renovadas a cada intervenção de seu irmão.

O verão

era a estação mais esperada por todos. Era o momento de se divertir nas praias do Mar Báltico.

Dona Rosa, sua mãe, cirurgiã-dentista, tirava dois meses de férias e a família mudava-se para as *dáchkas*, que eram casas de veraneio à beira-mar. Seu pai ficava na cidade para trabalhar e os visitava no fim de semana. Tatiana, seu irmão e seus primos se divertiam a valer, livres e soltos em meio à natureza. Até hoje, Tatiana se lembra do cheiro da maresia e as recordações surgem com força.

De um lado ficava o mar e de outro, a floresta de pinheirais. Entre os dois, ficavam as dunas brancas e macias.

O dia na praia começava com o banho de mar, porém no horário predeterminado. Existia uma regra: em certo período do dia, as mulheres e as crianças não frequentavam a praia junto com os homens. O motivo era o costume de tomar banho de mar sem roupa, nus em pelo! Sempre vigiados por policiais que ficavam no topo das dunas, garantindo a privacidade.

Tatiana na praia.

Depois do banho de mar, eram só brincadeiras, jogos, visitas à floresta de pinheirais e o brinquedo preferido, um grande balanço no jardim da casa, no qual a pequena Tatiana balançava tão alto que imaginava voar em um pilão, tal qual Baba-Yagá.

Mas foi lá na praia que Tatiana levou um grande susto.

A sua família tinha uma cachorrinha pinscher miniatura chamada Héchka muito querida por todos. Ela já tinha certa idade e mancava de uma das pernas.

Num certo verão, Tatiana assistiu a uma cena terrível: a pequenina Héchka sendo atacada por um enorme cachorro que morava na vizinhança.

Tatiana ficou apavorada e gritou com toda a força em seu socorro. Sua mãe ouviu e correu para salvar Héchka de ser morta no ataque.

Uma cena tão marcante, que Tatiana nunca mais a esqueceu.

E como ela mesma conta: "Quando eu queria me dar um susto, era só pensar no ataque do cachorrão e sentia a adrenalina percorrer meu corpo..."

Dona Rosa em seu consultório em São Paulo.

O tempo passava rápido e, como num piscar de olhos, o outono se anunciava e a família retornava à Riga, uma cidade com prédios antigos e várias atrações. Além dos parques, os pais de Tatiana costumavam levar as crianças para assistir a peças de teatro, balés, cinema, música de concerto e também frequentavam bibliotecas.

Certa vez, em um desses passeios, seu pai os levou ao circo. Naquele dia, Tatiana sentiu a emoção de ser uma artista. No meio do espetáculo, seu coração disparou ao ser escolhida para cavalgar sobre um lindo pônei. Tatiana subiu em sua sela no centro do picadeiro. A banda de música tocava enquanto o pequeno pônei dava voltas ao redor do picadeiro. A plateia batia palmas, e Tatiana se sentiu a menina mais feliz do mundo! O circo entrou em sua vida para sempre.

No outono, o parque e as ruas da cidade se pintavam de vermelho, laranja e amarelo. As folhas, antes tão verdes, agora se tornavam avermelhadas e acabavam forrando o chão de Riga, tal como um tapete vermelho para receber o inverno. Em casa, a novidade eram as frutas, entre elas a exótica e escassa banana, a preferida de todos que era dividida em pequenos pedaços. Uma delícia!

Aos oito anos de idade, dois acontecimentos alteraram a vida da pequena Tatiana.

O primeiro foi o ingresso em uma escola. Como já estava alfabetizada e bem adiantada nos estudos, fez um teste e entrou na segunda série de uma rígida escola alemã. Foi uma tristeza só. As professoras eram extremamente bravas e davam broncas terríveis nos alunos. Tatiana tinha pavor dessa escola, que nem mesmo a bruxa Baba-Yagá teria coragem de enfrentar.

O **outro** acontecimento foi bem alegre. Nasceu seu pequenino irmão Benjamin. Nesse dia, seu pai a levou para visitar dona Rosa na maternidade e Tatiana andou pela primeira vez em um ônibus. Ele atravessou a ponte do rio, com toda a potência de seu motor, e logo chegaram ao destino. A emoção foi dupla, tanto pelo ônibus como pela chegada do irmãozinho.

Aos nove anos, seus pais a levaram para conhecer sua cidade natal, São Petersburgo, na Rússia. Foi um passeio inesquecível. Tudo ia bem...

Mas a vida dá reviravoltas, tal como o pilão de Baba-Yagá, e Tatiana percebeu que os tempos estavam mudando.

Tatiana ao lado de Paulo Autran e amigos em São Paulo.

No início, ouvia comentários ainda sigilosos entre seus pais. Mas depois veio a confirmação: estava tomada a decisão.

Eles se mudariam novamente. Dessa vez para bem longe. Além-mar, além do oceano. Para uma nova terra com novas oportunidades, onde existia paz e progresso.

E o Brasil oferecia essa oportunidade.

Mais tarde, soube que essa decisão salvou a sua vida e de sua família, porque, anos depois, seus parentes foram massacrados pelos nazistas em Riga.

Seu pai seguiu na frente. Viajou para o Brasil para fazer contatos, conhecer o país.

Meses depois, dona Rosa e os três filhos seguiram o mesmo caminho. Para Tatiana, agora com 10 anos de idade, era um misto de sentimentos. O gosto pela aventura misturado à curiosidade transformavam o medo em coragem, digna de uma bruxa voadora.

A força de sua mãe, mulher de temperamento forte, e a esperança de reencontrar seu pai traziam aconchego ao seu coração. Juntos, eles se sentiam fortes.

Tatiana seguiu com passos firmes pela estação de trem, em direção ao seu futuro. A despedida foi difícil. Seus avós, primos, tios, acenavam com emoção. E ficou o último olhar impresso em quem partia.

Para um imigrante,

a esperança supera as dificuldades. E a coragem supera o desconhecido. Tal como enfrentar a escuridão da floresta, nas histórias sobre bruxas e duendes, e depois descobrir que é possível superar medos e angústias.

Tatiana e seu marido Julio de Gouveia.

Naquele momento, Tatiana, a menina que queria ser bruxa, enfrentava seu maior desafio: ela teria que descobrir novos horizontes, uma nova língua, aprender novos costumes. De Riga trouxe suas lembranças e um livro, seu amigo inseparável.

O caminho foi longo, demorado, cheio de novidades. Viajaram de trem até a Alemanha e de lá partiram de navio para o Brasil. Era outubro de 1929, e muitos imigrantes europeus se dirigiam às Américas para longe das guerras e lutas sociais da Europa. O navio estava lotado e as condições da viagem eram as mínimas possíveis. A leitura foi sua companheira, embalada pelas ondas do Oceano Atlântico.

O percurso durou 21 dias até aportarem no Rio de Janeiro, a primeira parada no Brasil. O primeiro olhar de Tatiana para a nova terra foi de encantamento. A beleza natural da Baía de Guanabara, o clima quente e a chegada tão esperada fizeram disparar o pequeno coração da garota. Emoção só superada pelo reencontro com o pai, que já as esperava no porto, tão ansioso quanto elas para dar um abraço apertado e matar a saudade de meses distantes. Dona Rosa e as três crianças desceram do navio e a alegria foi intensa.

Entre tantas novidades, uma causou furor. Tatiana viu, pela primeira vez, um cacho de bananas, ali mesmo no cais do porto.

Que admiração! Para ela, uma fruta rara e para os brasileiros, tão farta. Nem imaginava que a banana nascia em um cacho! Depois dessa constatação, nada mais a surpreenderia nesse país tão tropical. Seguiram para o bairro das Laranjeiras para se hospedarem em uma pensão. Deveriam esperar ainda uma semana para seguir viagem até o porto de Santos.

A primeira noite não foi calma. Seus pais a deixaram tomando conta dos irmãos. Logo o menor acordou chorando, molhado de xixi. Ela trocou sua fralda, mas ele se molhou novamente. Resolveu colocá-lo na cama de seus pais, outra vez ele fez xixi. Tatiana resolveu que dormiriam no chão. Aí surgiu uma barata e, entre ela e o xixi, preferiu dormir no molhado mesmo. Foi uma noite daquelas!

No dia seguinte e durante toda a semana, a família aproveitou para conhecer o Rio de Janeiro, passear pelos pontos turísticos, devidamente explorados e admirados. Sem sustos ou xixis indevidos.

O tempo passou rápido e chegou o dia de embarcarem para Santos, seu porto definitivo.

Depois, seguiram de trem para São Paulo, que percorreu uma impressionante subida pela Serra do Mar e deixou Tatiana boquiaberta, ao ver a cremalheira se esforçar para puxar e segurar os vagões até a chegada no planalto. Não era nada parecido com os trens de Riga.

O desembarque foi na Estação da Luz. Seu Aron pegou um táxi, acomodou a bagagem e seguiram para uma pensão.

Pela janela do automóvel, Tatiana conheceu São Paulo. E foi amor à primeira vista.

Tatiana e seus filhos Ricardo e André.

Tatiana recebe um beijo de Ziraldo.

as primeiras imagens foram marcadas pelos prédios e jardins do Vale do Anhangabaú, pelo Viaduto Santa Ifigênia, uma estranha ponte que não tinha rio embaixo, pelas praças e ruas do centro velho, e pela tentativa de leitura das primeiras palavras em português, escritas nas placas das lojas.

A primeira morada foi numa pensão, em um pequeno quarto, na Rua Jaguaribe, no bairro de Santa Cecília. O espaço era mínimo, e Tatiana teve que dormir dentro da mala, na verdade uma arca, que sua mãe tinha trazido de Riga.

Felizmente a hospedagem na pensão durou menos de um mês e seu pai descobriu uma casa mais confortável para alugar na mesma rua. E o melhor de tudo, era que o local tinha um consultório de dentista desocupado recentemente. Dona Rosa poderia exercer sua profissão. E foi o que ela fez. Mesmo com dificuldade em se fazer entender, tão logo eles se mudaram e abriram o consultório, surgiram os primeiros clientes. O que facilitava era que a moradia se localizava em frente à Santa Casa de Misericórdia, um grande hospital, um local de muito movimento de pessoas e profissionais da saúde.

A vida recomeçava. A família estava unida e com esperança em novos e bons tempos.

Seu Aron aprendeu português, estudando e lendo livros no período em que esperou a chegada de dona Rosa e dos filhos. Já conseguia se expressar e se fazer entender. Tatiana e sua mãe utilizavam o latim caso precisassem se comunicar, pois antigamente o ensino desta língua era obrigatório nas escolas brasileiras. Mas esta não era a maior dificuldade.

Morar no

Hemisfério Sul, nas Américas, às margens do Oceano Atlântico é uma experiência fascinante: a natureza é exuberante, a passagem entre as estações do ano é amena, bem diferente do que ocorre em países do Leste Europeu.

E esta foi uma das tantas diferenças que Tatiana percebeu ao longo do tempo. Até mesmo o pôr do sol e a disposição das estrelas no céu eram diferentes.

A primeira doença de Tatiana no Brasil a deixou amarela. Ela teve icterícia, o que a levou a tomar uma injeção pela primeira vez na vida. E o pior, não foi só uma. A vantagem era que ela só precisava atravessar a rua para chegar ao hospital, o que fez muitas vezes, mesmo sozinha.

Tatiana já estava mais crescida, com quase 11 anos, e explorava o bairro enquanto seus pais trabalhavam. Saía caminhando pelas ruas, coisa permitida se fosse até o Largo do Arouche, observava as lojas, entre elas, a vendinha onde costumava praticar o português ao comprar produtos para sua mãe.

Tatiana e seu filho Ricardo Gouveia.

Tatiana e seu filho Ricardo aos 4 anos de idade.

Para memorizar a frase do pedido ensinada pelo seu pai, Tatiana transformava-a em poesia, a qual cantarolava no caminho, ensaiando sua performance diante do vendeiro. E o mais interessante, era que dava certo. Assim, ela aprendia a se expressar na nova língua.

Mas nem tudo era fácil e tranquilo. Tatiana ingressou em um colégio alemão e, tal como em Riga, a experiência foi desastrosa. Não demorou muito e seus pais a matricularam na Escola Americana, anexa ao Colégio Mackenzie. Foi ali que Tatiana iniciou seu aprendizado em português.

Durante a aula, o sotaque "russo" era motivo de risadas e gracinhas das colegas. No entanto, mesmo trocando vogais, Tatiana lia com desenvoltura, rapidez e expressão, fato que causava uma espécie de dor de cotovelo nas colegas, devidamente demonstrada na primeira oportunidade que tivessem.

Caso Tatiana não conhecesse o significado de uma palavra, e pedisse ajuda à professora, era uma gargalhada geral na classe. Mas a coragem de Tatiana não a deixava se intimidar. Escrever e ler em português era uma questão de honra para a garota.

No segundo trimestre do ano, tirou nota dez em português e sua redação foi considerada a melhor da classe! Depois de vencer o desafio e provar sua capacidade, Tatiana começou a ser respeitada como a melhor aluna nessa matéria.

Tatiana, uma adolescente tímida, agora auxiliava as colegas de classe em português e em outras matérias. Essa era a sua maneira de se integrar e ser aceita até mesmo pelas professoras.

Tatiana aos 30 anos de idade.

Seu interesse pela leitura era constante e buscava livros na biblioteca da escola para aprender a nova língua. Desde pequena, Tatiana lia muito e se sentia à vontade para escolher títulos de diferentes gêneros literários. Certa vez, a bibliotecária da escola resolveu censurar sua escolha, o que a revoltou. Mas não desistiu e contou o fato a seu pai, que escreveu uma carta aos diretores da escola autorizando sua livre escolha na biblioteca, uma novidade no sistema de ensino da época.

Superar a dificuldade na leitura das palavras portuguesas e a escrita de redações em sala de aula foram conquistas importantes que ajudaram Tatiana a dominar a língua e a se sentir cada vez mais uma brasileira.

Português era, e ainda é, sua matéria preferida.

Tatiana, a pequena "bruxinha", transformou a caneta em varinha de condão e fez mágicas com as letras.

Tornou-se escritora e seus livros encantam os pequenos brasileiros há muitas gerações.

Tatiana nasceu russa, cresceu letã e se tornou adulta no Brasil, seu país de adoção. Aliás, ser brasileira foi uma opção sua e não um acaso. Por isso, ela diz com sabedoria:

"– Sou brasileira, sim senhor!!!!"

tatiana belinky gouveia nasceu em Petrogrado, Rússia (hoje São Petersburgo). Chegou ao Brasil em 1929, aos 10 anos de idade. Brasileira naturalizada, casada com o médico-pediatra e educador Julio de Gouveia, começou a fazer teatro para crianças, baseado em literatura infantil e juvenil. Com o marido, a partir de 1949, foi autora dos textos dirigidos por ele e apresentados nos teatros da Prefeitura de São Paulo. A partir de 1952, escreveu praticamente todos os textos do Teleteatro para crianças e jovens para a TV Tupi de São Paulo, em programas semanais dirigidos por seu marido: o *Sítio do Picapau Amarelo*, baseado na obra de Monteiro Lobato, 14 minisséries adaptadas da literatura estrangeira e brasileira e 500 telepeças completas para o Teatro da Juventude. Os programas eram feitos ao vivo e promoviam abertamente a literatura e a leitura, sendo que todos os programas começavam e terminavam focalizando o livro. Tatiana passou também a escrever crônicas sobre a televisão para o jornal *O Diário de São Paulo* e para o jornal *Nossa Voz*. Entre 1965 e 1972, foi convidada pela Comissão Estadual de Teatro onde implantou e produziu a revista *Teatro da Juventude*. Entre os anos de 1968 e 1969, escreveu novamente o *Sítio do Picapau Amarelo* para a TV Bandeirantes. Trabalhou na TV Cultura por quatro anos onde dava orientações semanais aos pais sobre literatura. Colaborou na *Folha Ilustrada* sobre o mesmo tema e em vários outros jornais. Escreveu histórias e poesias para crianças na *Folhinha de São Paulo* e para a revista *Alegria e Cia*. Tatiana é tradutora e intérprete. No ano de 1979, ganhou o prêmio da Associação Brasileira de Críticos Teatrais por 30 anos de atividades, além de outros, como o Prêmio Jabuti, o Monteiro Lobato de tradução pela FNLIJ e o Prêmio Amigo do Livro, pela CBL. No ano de 1985, lançou seu primeiro livro infantojuvenil e hoje tem mais de 100 livros publicados. No ano de 2010, foi eleita como membro da Academia Paulista de Letras. Tatiana vive em São Paulo, escreve constantemente e mantém uma extensa agenda de atividades literárias, entrevistas, visitas a escolas, conversas com professores, entre outras.

nereide s. santa rosa era uma menina com apenas 6 anos, quando ouviu falar de Tatiana Belinky pela primeira vez. Ela passou a infância lendo Monteiro Lobato e foi sua irmã mais velha quem lhe recomendou que assistisse ao *Sítio do Picapau Amarelo* – o primeiro programa da televisão brasileira escrito para crianças por Tatiana Belinky. Nereide encantou-se! Mais tarde, como professora e mãe, continuou seu interesse pela obra de Tatiana. Desde o seu primeiro livro infantojuvenil, *Villa Lobos*, publicado pela Callis Editora na Coleção Crianças Famosas (1994), a autora já lançou mais de 50 títulos.